그의 사랑은 저만치 다가와

송현국 시집

서울식물원 아침 비내리는 날

[서문]

시집을 내면서

가끔은 시를 써보았습니다
들을 걷다가 산을 오르기도 하고
꽃을 보고 시를 썼습니다
나 홀로 있는 시간 시를 써보곤
했습니다

아침 산책을 하다가 시를 써보았습니다
여기에 그동안 생활하며 쓴 글을
함께 공유합니다

시를 쓸 때 평안한 마음이 들었고
시를 읽어주는 누군가와 소통할 수 있다고
생각했습니다

한 권의 시집이 희망을 줄 수 있고
외롭지 않은 인생 길의 벗이 되기를
희망합니다

- 송현국

차례

진달래꽃　　　　　　　　　9

나무수국　　　　　　　　11

눈쌓인 겨울갈대　　　　　13

나리꽃　　　　　　　　　15

봉숭아 꽃 앞에서　　　　17

새희망 첫걸음　　　　　 19

추석날 아침　　　　　　 21

새벽비　　　　　　　　　23

고려산 진달래　　　　　 25

거리의 악사　　　　　　 27

무궁화　　　　　　　　　29

그리움이 밀물처럼　　　 31

희망을 바라보라　　　　 33

새해 첫날　　　　　　　 35

눈쌓인숲속 나무와 돌샘물　37

눈쌓인북한산 숲속　　　 39

눈쌓인 소나무　　　　　 41

동강 할미꽃	43
희망그리는 하늘	45
섬진강 나팔꽃	47
행복편지	49
비오는 아침산책 길	51
가을하늘아래	53
봄소리	55
별	57
만남	59
애련한문자	61
서로를 위로 하는꽃	63
정글같은 세상	65
처음꽃을 본 순간	67
따뜻한커피를나누는가을아	69
가을아 가을아	71
그리움	73
김치를 담그는 날	75

가을을 입는 자전거	77
빨래하는 여인들	79
하늘꽃	81
행복한 동행	83
기도하는 꽃	85
암센터에서	87
손전화	89
보랏빛 비비추	91
신문	93
아버지	95
동행	97
눈 덮인산을 오르며	99
겨울을 이기는 나무들	101
겨울나기	103
겨울의 외로움을 아는 별	105
하늘밥상	107
바람에 휘어진 그림자	108

비오는 아침	111
어르신들의 바램	113
가을 깊어가는 선유도를 걸으며	115
설날	117
노동	119
도시의 아침	121
비 내리는 날	123
백색 파도야	125
가을산	127
모닥불	129
기타연주	131
가족산행	133
벌목	135
숨쉬는맥박	137

오동춘 〈송현국 시인의 시해설〉

부천 원미산 진달래 동산

진달래꽃

화랑이 달리던 산
여인들이 설레었을 거야
무사들이 여인의 얼굴
떠올렸던 꽃이었을 거야
노모 손 잡은 아들
이 분홍 산을 넘을 때
아들 사랑 흐뭇해하셨을 거야

선비들 짚신 벗삼아
오르던 길 멈추게 하였을 꽃
샘물에 둥둥 띄우고
목축이던 나그네 행복했을 거야
백의의 사람들 나라 잃어 서러울 때
분홍 산 연분홍 설렘으로
힘을 모았을 거야

화염에 불타고 비극에 꺾이던
봄날 고향 땅 향수에 잠기게 한 꽃이었을 거야
벚꽃이랑 개나리 바람에 속삭이고
격렬한 춤사위 개화되던 마을
두견새 울었을 거야
쓰러진 꽃들 피 흘리고
새봄 피어겠지
분홍 얼굴들 살아난다
저 봄 산도 진달래 피었어

서울식물원 미국수국

나무 수국

구름바다 같은 아침 하늘
빗방울 나무수국 잎에 촉촉이 내린다
구름바다 같은 아침 하늘
대왕참나무잎, 영산홍잎, 백철쭉이랑
장맛비로 녹녹한 자태

초록색 나무 사이로 피어오른 나무수국은
새하얀 집 지붕 같다
타원 모양 꽃받침 조각 조각들은
순백색 빛, 보랏빛, 자줏빛 꽃잎이다
나무수국 잎처럼

서울 식물원 호수공원 눈쌓인 겨울갈대

눈 쌓인 겨울 갈대

눈 쌓인 겨울 갈대
외롭고 지친 겨울 갈대

곡선 그리며 푹푹 숙이고 있다

눈 오는 날 산책길
눈 쌓인 겨울 갈대들

눈 그치고 아침햇살 비치면
서서히 녹고 바람에 나부끼겠지

갈대에 비치는 아침햇살은
늘 눈이 부셔

충북제천 교동민화 벽화마을

나리꽃

민화 마을에 핀 나리꽃
뙤약볕 내리는 오르막길
담장 아래
언젠가 그 산에서 보았던
나리꽃!

뭉게뭉게 피어오르는 구름
비 온 하늘
아파트 숲 걸린 무지개를 보듯
그 산에서 보았던 나리꽃은
부끄러운 듯 불그레

옥수수 대가 무성한 여름
그 평화로운 땅에 핀 나리꽃
 소나무 마을 학이 날고
물끄러미 보는 참나리

서울식물원 봉숭아꽃 앞에 서서

봉숭아 꽃 앞에서

마음이 따뜻한 사람이 되고 싶다
외로운 마음으로 살아온 봉숭아에
가만히 다가가 공감하는 사람처럼

수첩을 꺼내 열고
사별했던 오랜 말벗을 보여주신다
봉선화는 뒤안길을 회상하고는
상실을 수용하는 에너지를 회수하신다

봉숭아 잎을 찢어
손톱에 물들였던 누나들
예민한 죄책감으로 살아왔을
뒷마당에 핀 봉숭아꽃들이
이랬다면 어땠을까
이렇게 해야 했는데...
불안을 감추려는 듯
봉숭아 꽃은 붉게 피고
참 자유로운 꽃이 되었다

나이가 들어서 봉숭아처럼 붉게 피더라도
누군가 나비처럼 내 세계로 가만히
다가왔으면 좋겠다는 내색은 하지 않아야지
여기, 봉숭아 꽃이 피었네요

서울식물원 무궁화 꽃

새 희망 첫걸음

밝은 하늘 새 희망
해맑은 아이들
정든 마음 그립다
함박꽃 피어난 교실
가슴 새겨 살아가렴,

보고 싶을 친구들
힘찬 웃음 함께하자
서로서로 밀어주고
지친 마음 눈물 사랑
새록새록 고맙구나

늘 푸른 새순처럼
한 걸음 내딛는 용기 내렴
나라 사랑 학교 사랑
겸손한 배움 사랑
새 희망 빛 삶 살자

- 2012년 서울 양동 초등학교
  졸업 축하 낭송시

강화도 동막에서 바라본 바다

추석날 아침

오랜 세월 지내온 느티나무처럼
자꾸만 저 먼 논길에서 누구 오는지
서늘바람에 날리는 잎처럼 분주한 마음
행여나 누구 눈치챌까 봐 돌담에
잘 자란 연 호박을 점찍어 둔다
추석날 그 애들 주려고

오늘따라 왜 그 옛날 아버지
따뜻한 손길 떠오를까
아버지 보러 머리에 인 보따리
업은 아이 보채는 바람에
힘겹게만 보이던 코스모스 냇길
설날 신으려고 장날에 산
예쁜 꽃이 그려진 하얀 고무신
자꾸만 버선발에 벗겨지고
돌 자갈길 걷는 하늘 좋아서 서러워지고

고향 산길 걷던 가을 하늘
아버지 구두는 자갈길에도 빛이 나고
아버지 양복은 멋있었어요
술 잡수신 아버지 왜 그리 술을
좋아하셨는지요
보름달만 한 노란 배를 들고
나무 대문 열고 오시는 아버지

새벽 비

신새벽
장대비 가로등 불에
반사되어
아스팔트 도로 위에서 튀긴다

플라타너스 뒤로하며
새벽을 달리는 차량들
전조등 빛이 빗살을 헤치고
질주한다

우산 끝자락 빗물이
몸속에 파고들고
고운 모래 씻어 내리듯
씻은 마음
연한 잎 짙푸르다

- 문예사조 2003, 9 -

고려산

고려산 진달래

봄 황토 갈아 반듯하게 경작한 밭
씨가 심겨 있다
여름을 맞을 씨앗들
진달래 산 가는 길
봄 산 내려오는
불긋한 꽃들
봉긋 피어난 벗꽃이
유혹하듯 자태를 발한다
구불구불한 꽃길,
수백 년 된 느티나무들
광야 달리던 말들 목을 축였지
고려산에 핀 진달래꽃들
이 강화도를 분홍빛으로
저 남쪽 육지 끝자락을 넘어가고 있다
샘물 솟아오르는 산
꽃이 피었다.

거리의 악사

물들어 가는 나른한 오후
가을 거리
내리쬐는 햇빛 길
사람들이 옹기종기 모여있다
거리악사가 중국 얼후 악기로
타이타닉 연주를 한다
커피를 들고 삼삼오오
빌딩 앞 거리 광장을 걷는 사람들
검은 선글라스를 쓰고
아이를 태우고 유모차를 끄는
젊은 엄마가 꿈을 만들어 간다
요구르트 아줌마,
택배를 배달하는 사람
바람이 살랑살랑 부는 계절
그날 노래가 흘러나온다
거리 낙엽을 쓰는 사람
부채로 얼굴을 가린 중년 여인
방치 자전거를 수거하러
순찰하려다 거리악사 연주에
그만 '왜 여기에 왔어'
그때 가을 하늘이 묻는다

무궁화

도심지에 무궁화꽃들이 핀다
봄비를 견디고 봄 신록 푸르름이 더하는
산하에 무궁화들이 피고 있을 거야

비바람 장맛비에도 꿋꿋이 견디어 피는
무궁화는 강하고 모진 꽃을 피워내

강산에 피는 무궁화는
늠름한 평화의 꽃을 피우고
동녘하늘 새 햇살받아 자라고 있다

거룩한 꽃 아름답게 피어라
정의로운 꽃 희망을 펼쳐라.

제부도 바다

그리움이 밀물처럼

그리움이 바닷물처럼 밀려올 때
예쁜 엽서에 편지를 써 보세요
지나온 추억이 봄바람처럼 불어오거든
손전화에 문자를 보내 보세요
동고동락했던 친구들 그때는 스쳐 지나갔지만
이제 생각해 보니 평생 동행인들이구나
그 어린 꽃잎들은 큰 나무들이 되었고
사람들에게 유익을 주는구나
이순이 되니 자연으로 돌아가서
자연을 노래하자 자연을 걷자

그리움이 밀물처럼 오거들랑
예쁘게 화장해 보세요
마음이 옛날처럼 돌아가면
그 마음으로 이야기해 보세요
보고 싶었다는 이야기
행복했다는 이야기 그리움이 오거들랑
마음을 열고 다가서 말을 해 보세요

이순이 지났으니 산을 많이 걷고 싶다
들을 걷고 싶다 함께 인생을 걷고 말 할 수 있는
동행인들을 만들어 보자

대천바다

희망을 바라보라

잘 생각하고 꿈꾸는 일을 잘해야 합니다
한 말은 돌에 새기는 글처럼 오래갑니다
올곧은 목표를 향해 달려가십시오
젊다는 것은 그 무엇보다 강한 무기입니다
어깨만 펴고 다녀도 됩니다
하고 싶은 말만 해도 됩니다
실패란 말은 하지 마세요
생각하고 꿈꾸는 일은 이루어집니다
타인의 생각을 들어 주는 사람은
관계를 잘합니다
여행을 많이 하세요. 경험을 많이 하세요
일기를 써보세요. 글을 써보세요
작품을 만들어 보세요
시간 관리를 잘하세요
친구를 좋아하는 사람은 사회에서 성공할
가능성이 큽니다
부정적인 말보다는 긍정적인 말을 말이 하세요
희망이 성장합니다

대천바다

새해 첫날

새해 설날엔 행복한 동행을 나누어 주자
새해 설날엔 지친 마음 위로해 주고
오시는 봄의 새싹 보여줘야지
용기가 있어야 할 자리 용기를
희망이 있어야 할 자리 희망을
가난한 이들에게 삶의 경청을
새해 설날엔 겸손한 동행 전하리

눈 쌓인 숲속 나무와 돌, 샘물

눈 오솔길
눈 속 흐르는 맑은 물

나무야 나무야
눈 쌓인 돌들이
동물의 왕국 같다

눈 쌓인 북한산 숲속

눈밭 설경
계곡 바위 하얀 눈 쌓이고
소나무에 쌓인 눈

산 오르는 머무름

눈 쌓인 소나무

눈 속 푸른 자태 소나무처럼
고난을 이겨내고
푸르름으로 살자

동강할미꽃

동강할미꽃

바위 틈새에서 핀 동강 할미꽃
연약한 꽃이지만 그 보랏빛이 신비하다.

오랜 세월 동강 흐르는 냇물 바라보네

희망 그리는 하늘

하늘은 늘 희망을 그린다
수채화에 그려진 하늘은 시각적인 공간을 응시한다
산, 나무, 바다와 공존하는 하늘은 그 자연을 늘
공감하는 어버이 품 같다

공감해

외롭고 지친 마음이 들 때 하늘을 바라보고
내면의 고요한 평온을 기다려보자

청정한 푸른 하늘처럼 맑고 밝게 살아가자
언제나 변함이 없이 한결같이 오랫동안

비가 올 때는 비 오는 대로
눈 이 내일 때는 눈 오는 대로

아침 하늘은 늘 희망을 그린다
셀 수 없는 영롱한 별들을 그린다

희망을 품고 하늘을 보라 내일은 꿈을 이루리

섬진강 옥정댐

섬진강 나팔꽃

섬진강 나팔꽃
마을 배를 타고 걷는

숲속 길
보랏빛 신비하다

행복 편지

봄비가 내립니다
코로나 그만 잠잠하길
두 손 모아 우러러

봄비 벗 삼아
행복 새록새록
언 땅 녹은 녹색 생명

비 오는 아침 산책 길

초록색 젖은 풀밭 길을 지나
무궁화꽃 핀 아침 산책길은
폐활량을 증가시켜주는 산소를 뿜는다
초록색 촉촉한 식물원은
흐린 하늘 아래 상쾌한 걸음을 재촉한다
우산에 툭툭 떨어지는 빗방울 소리
비 오는 아침 산책길은
근육을 키워주고 이완된 몸을 풀어준다
보라색 꽃이 관중들처럼
달리는 선수들 응원하듯 방긋방긋

가을하늘 아래 코로나를 이겨내자

가을하늘 아래
열방은 슬픈 거리를 만든
코로나를 꺾는다
가을하늘이 지나가고 있듯이
민족들은 우울한 사회를
극복해 간다

가을하늘 아래 코로나여 가라
결박을 벗어내고
분노를 걷어내라
사회는 진정되고 평온은 온다
코로나는 꺾이고
고요한 사회는 이미 활기차다
진노를 버리고 분노를 버리고
상대방의 입장에서 생각하고 배려하자

외로운 길에서 벗어나
함께 길을 걷고 함께 새날을 기다리자
고요한 거리는 이미
활기가 넘치는 거리로 변했다
가을하늘 아래 코로나는 꺾이고
외로운 방에서 나와 거리를 누비고 있다
거리 두기 가을이 지나간다.

봄소리

겨울나무들 하늘 응시할까
가쁜 저기를 부르는 바람 소리
풀잎같이 기운 저 산바람 소리
탯줄에서 산소 마시는 새 꽃
가쁜 저기를 부르는 가을들

모진 힘을 다하여 잉태하듯
저 하늘 기다리는가
아름다운 죽음 보내는 강변 손짓
철썩철썩 뱃고동 울리는 뱃놀이

저 하늘 저 하늘 가려는가
남도에서 온 홀씨는
봄 기다리는 마음 새색시같이
실핏줄 같은 소리랑 가시리

별

밤길 말총 휘감아 두려워 우는 밤
찬 공기 기운이 옆 어깨로 파도친다
정적이든 까만 방 손끝으로 숫자를 누른다
눈꺼풀 감긴 중환자실 손끝으로
전기 감전된 듯 눈물 닦고
깨어나는 소녀,

창문으로 빛이 스며든다
냇물 움켜잡은 슬픈 고기잡이는
셀 수 없는 별들을 움켜쥔다.

만남

쇠벼라에 만남이 있었듯
남한강물과 북한강물이
만나는 곳에는
마을이 있었다

오작교의 칠석날
다리

애련한 문자

밤하늘 강물 거스른
애련한 수선화들!
찬기 서리 맞은 채 땅에 버려지고
위탁모 손에서 자랐어
분홍 포대기에서
빨아들이는 고로쇠처럼
창공을 날아가는구나
낡은 포대기 꼭 쥐고
초록 별나라로 간다
허우적거리는 강물에서
그들을 그리워하는
애련한 문자들이 오고 간다.

서로를 위로하는 꽃

우울한 여름날을
벗어나는 꽃들은
서로를 돌아보고 서로를 위로하는
환경을 만들어 간다
꽃이 피기까지
앙상한 가지에서 새순이 나고
외로운 고독을 견디는
능력을 갖추고 비를 견딘다

타인을 위해 자신을 헌신하듯
문명을 여는 개화

정글 같은 세상

물수리가 숭어를
낚아채 날아간다
피를 흘리며 내장이
터져 나온 물고기를
날카로운 부리로
물고 하늘을 고공 한다

사냥에 성공한 사자가
사슴의 피를 핥는다
초원의 노을은
살아남는 자들을
별빛 세계를 응시하게 한다

마치 인간 세상은
그들의 정글 같다
지독한 장대비는
천둥을 치며 벼락들이
오욕에 더럽힌 세상을
깨끗하게 씻어낸다.

처음 꽃을 본 순간

당신의 마음을 그 꽃에
속삭여 보세요
당신의 외로움, 당신의 고통,
무슨 말이든지 해 보세요
말이 없이 웃고 바라보면은
그 꽃은 당신은 이미
사랑으로 받아들이고

따뜻한 커피를 나누는 가을아

방치된 가을아
자전거에 빨간 별들이
흙으로 덮듯 한 잎 두 잎을 덮는다

자전거 무덤은 방치된
해부된 상처를 가린
실오라기 무명옷을 입고 있다

주인을 잃은 반려견처럼
닳은 발톱을 물방울처럼 다듬어
너의 배려된 길로 힘껏 페달을 밟는다

하얀 눈처럼 한 잎 한 잎 꽃길을
붉은 별나라에서 온 꽃들처럼
지난 밤에 커피를 나누는 가을들이다

따뜻한 커피를 나누는 가을아

가을아 가을아

올 고운 색들을 그린 가을처럼
알곡 여문 들처럼 평화를 가져오렴

어젯밤 내린 빗물에 씻긴
붉은 손바닥으로 가을이라 새겼니

방치된 단풍들을 하나둘 모아
아픈 기억들은 가리고
멀리멀리 나갔다고
돌아온 가을에 손을 건넨다

가을이 그런데도
살아갈 용기를 가지렴
가을아, 포기할 실오라기도 있거든
도리어 다시 처음
어느 날을 처음으로 하면 어떻겠니

그리움

어렴풋이 떠오르는 얼굴들
어디서 살까 무엇을 하고 살까
가을 낙엽은 서울 거리에도 수북이 쌓였는데
그때
그 경기 전에 쌓였던 낙엽들
겨울이 오는 십일월 길목에
그리움 가득하다

그 가을 논밭들, 그 가을 산들
낙엽들이 그리움으로 날린다

그리움을 누구에게 나눌까

김치를 담그는 날

한 달 내내 마늘을 까고
손을 다치신 어머니
정읍 옹동에서 보내온 고춧가루로 비빈다
무채를 썰어 양념에 버무리고
간식으로 빨간 홍시
김치 한 가닥으로 찰밥 웃음 가득
김치 담그는 어머니 허리는 휜다
장독 양념을 담아
그릇으로 퍼서 양배추에 비비고
김치 담그는 날은 온 가족의 축제이다.

가을을 입는 자전거

방치된 가을 자전거는
빨간 별들을 흙으로 덮듯
한 잎 두 잎을 덮는다
방치되어 해부된 상처들
자전거 무덤엔
주인을 잃은 반려견처럼
닳은 발톱을 다듬는다

너의 배려된 길로
힘껏 페달을 밟는다

하얀 눈길처럼
한 잎 한 잎 꽃별 꽃들이
붉은 별나라에서 온 꽃이다

빨래하는 여인들

아낙네들이 흐르던 냇물에 빨래한다
방망이를 내리친다
탁탁탁
그 여인들의 빨래는
흐르는 냇물에 씻겨진다

아낙네들이 냇물에 빨래한다
달빛이 흐르던 냇가에서
빨래하던 여인들이 있었다.

하늘 꽃

폐활량이 한계에 도달한 잠수부들이
시퍼렇게 난파된 배에서
그윽한 넋 빛 무늬 꽃들을
서럽게 건져 올린다

봄 산 이슬을 머금은 진달래 꽃잎처럼
봄꽃으로 부활한 꽃들이
진달래꽃 봄 하늘 아지랑이 울듯
길 가 논두렁에 처박힌 포탄 파편처럼
빛 스미는 집에서
서럽게 운다고 보고 싶다

동란 때 헤어지고 실신하여
강물처럼 흘렀지만
구절초로 핀 가을이라도 오면 좋으련만
청정 대나무 뿌리처럼 곧았겠지

봄엔 분홍빛 꽃으로
가을은 구절초로 필거야

감람잎을 물고 온 비둘기를 보듯
나비처럼 날아온 너의 꽃잎에
편지들을 서럽도록 웃으며 썼지
보내지 못한 우체통 앞에서
만지작거리는 머뭇거림으로
우는 한 마리 새가 되어
살아오기만을 바라는 마음들
빈 배로 돌아오는 어부들이
슬픈 눈망울로 원망스럽게 운다
황량한 바람에 회오리치듯
저항하는 진달래꽃 되었구나
분홍빛 산속에 부활한 꽃들이여

행복한 동행

온종일 그 누군가를 기다리는
느티나무 되어 나그네가 지나가고
아낙네가 지나가고 농부가 지나갑니다
아무도 찾아오지 않는
적막한 허공에 따르릉 울리는 소리
구부정한 허리로 마늘을 온종일 까는 분
온종일 누워서 천장을 응시하는가
119 전화 버튼을 붙들고 사는가
아무도 찾아오지 않는
적막한 어두컴컴한 지하실 방
물이 차오르고 그 물을 쓰레받기로 퍼 줬는데
저 먼 산동성이
그립다고 가버리고
방바닥을 쓸어내리던 동짓달
그 누군가를 기다리는 하늘은
하루가 길다

아파트 고층 현관에 도시락을
걸어놓고 총총걸음으로 다니던 눈 오는 날,
병원도 가고, 집도 방문하고 식당도 가고
어르신들은 외로운 손을 내밀고 웃으신다
슬픔은 꼬깃꼬깃 숨기시곤 모른 체
그 누가 모를까 그래도 좋아

기도하는 꽃

각혈하던 꽃들 흔들흔들
백합 같은 얼굴로 기타를 치던 누이는
한 줌 흙 되어 들국화로 피었는가
빗- 방울 떨어지는
홀연히 빛나는 잿빛 하늘에서
꽃들이여 꽃님이여 어디엔가

산을 오르는 쇄재두르미같이
날아올라 넘어야 하리
날아올라 넘어야 하리
기도한다는 꽃이 이마를 쓰다듬는다

간이역에 머물던 구절초들처럼
상승 기류를 일으키는 기도는
호수에 핀 안개 같다
배암들은 제 갈 길로 가버렸거늘
날아올라 넘어야 하리 꽃님들아

거친 포도 솔방울 같은 잣알들이
주렁주렁 익어갈 때
각혈이 멈추고 꽃들 곁에 깃들이는 새들이 온다
퍼덕퍼덕 날아오르자 꽃들아
사력을 다해 함께 나아가리
이미 봄 산은 가까이 오고 있다
기도한다는 꽃은 홀로

암센터에서

창문 너머 내리는 새 하얀 눈
동화 나라 보는 것 같다
흩날리는 눈 소리 없이 소리 없이
고동치는 심장이
살아있음을 느낀다

야윈 얼굴 퀭한 눈
수척하게 헝클어진 가녀린 몸
두 딸 손 맞잡은
중년 여인의 뒷모습입니다
가느다란 실 가닥 같은 희망
포근한 새날을 가슴에 안고
두근거리는 생과 사를 기다리는 사람들

당신의 한마디에 한 생명
운명이 달려 있네요
정적만이 감도는
기운 속에 뛰는 맥박,
움츠린 채 겉옷을 벗고
날개를 퍼덕이는
당신을 부축합니다
창문 너머 내리는
새하얀 눈들이 보입니다.

손전화

띠링띠링 띠링디링
밀물처럼 썰물처럼
솨 솨

띠링띠링 디링띠링
깨알 같은 문자들이
밀물처럼 설물처럼
솨 솨

밀려왔다
밀려가는 포말들이
서로서로
대화한다.

보랏빛 비비추

첫새벽, 아침 비가 내린다
흐릿한 구름바다가 흘러간다
아침 비구름은 비를
뚝뚝 내리기도 한다

계수 나뭇잎이 하늘거린다
하늘거리는 분홍빛 꼬리조팝나무

새벽 비 오는 아침 기도한다
매끄러운 노각나무 왕벚나무
보랏빛 비비추 배롱나무
꽃사과나무 꽃산딸나무잎이
아침 비가 더 푸릇푸릇

지나온 고초를 회상하는 빛처럼
보랏빛 비비추는 수줍은 듯

신문

비 올 때는 모자,
공원에서는 방석,
한여름 원두막
부채가 되는 너

삼겹살 굽는 방안에 깔기,
노동자의 침대,
색바랜 벽지가 되기도 해

아이들이 어제 일어난 소식으로
열띤 토론을 한다

밤새워 인쇄된 소식들
부릉부릉 소리
주룩주룩 쏴 쏴
새벽에 휙 휙

아버지

오랜 세월 모질게 견디며 지내온 느티나무인가
저 먼 길 논길에서 누가 오는 걸까
아버지들은 몸으로
풍파를 견디며 살아갈 노동을 보여준다

추석날이 가까이 오는 계절,
농사짓는 우리네 아버지들은
서늘바람에 날리는 나뭇잎들처럼 마음이 분주해진다
행여나 누구 눈치챌까
돌담에 뻗은 잘 자란 연 호박을 점찍어 둔다,
명절에 내려온 아이들 주려고
추석날, 왜 그 옛날 아버지 따뜻한 손길 떠오를까
추석 전날, 보름달만 한 노란 배를 들고
나무 대문을 들고 오시는 아버지 기억 때문일 거야
추석날, 가을 하늘을 보고 냇가 길을 걸으며
산소에 갔던 기억 때문이겠지

코스모스 핀 황톳길을 걸으며 아버지는
"배우지 못한 한을 자식들에게
 물려주고 싶지 않다"라고 하셨어
고향 산길 걷던 가을 하늘 아래
아버지의 구두는 자갈길에도 빛이 나고
아버지는 가끔, 양복을 자주 입고 다니셨어
술 잡수기를 좋아하신 아버지
낚시를 좋아하고 쪽대로 고기를 잡으러 다니셨어.

동행

봄꽃이 피는 하늘을
같이 보는 친구들
먼 산 숲속에서 불어오는 바람을
동일한 시대 공간에서 살아간다
뙤약볕에서 땀을 흘리고 달렸던 아이들
말없이 어디선가 구름을 바라보고 있다
단풍 든 산을 거닐었던 추억들
경기전 거닐었던 아련한 시절들을
함께 그리워한다

북한산에서 꿈을 꾸는 아이가
길을 걸어가고 있다

함께 학교에 다녔던 아이들,
기린봉 줄기
완산 칠봉 아래
천잠산 아래에서
동행하는 친구들이
서로를 그리워한다.

눈 덮인 산을 오르며

계곡 바윗돌 신비한 눈 나라
저 흐린 산 하늘 속 산들
등산배낭 메고 송곳 지팡이로
논 얼음 지치듯
보드득 걷는 눈길
신비한 눈 나라다
얼음 계곡 길
억새밭 눈길 지나
어두워져 오는 숲

겨울을 이기는 나무들

겨울이 지나면 새봄이 온다
겨울나무들은 겨울을 견디어야
봄에 꽃을 피울 수 있다.
오늘이 고난이라고 생각이 들거든
내일은 고난을 견딜 수 있는 일을
창조해 보자
혼자라고 생각이 들거든
가까운 길을 걸으며
자연과 대화해보자
혼자라고 생각이 들거든
가보지 않은 도시, 마을 길을 걸어보면서
글을 써보자
눈을 맞고 자란 나무들,
강풍을 견딘 나무들이
봄이 오면 꽃을 피운다.

겨울나기

푸른 소나무처럼 푸른 신앙으로
그의 사랑이 온다
코로나로 거리를 두고
집합 모임이 금지된 힘겨운 사회
늘 푸른 그분의 푸른 정기가
가까이 다가온다
사랑하는 그의 사랑

해가 바뀌고 처음 오는
한겨울 추위 소한이 지난 날
저만치 다가오는 그의 사랑이
두려움을 내쫓는다

구름 한 점 없는 푸르고 푸른 겨울 하늘
한겨울 찬바람 함박눈이 내려도
햇볕을 받은 양지 언덕
잠시 머무르는 햇볕 온기같이
그의 사랑은 저만치 다가와

겨울의 외로움을 아는 별

촛불을 들고 겨울 밤거리를 걷는 것은
산 넘어 산 너머 자유를 향한 행진이겠지
권력투쟁은 겨울 거리에 촛불을 들게 한다
작은 촛불은 비단길이 되고 황금 길 같아
상실한 언약을 회복하려는
예언자들의 외침이 들려온다
침묵하고 어두웠던 겨울 도시는
불의를 고치려는 함성이 되어
바다에서 잃어버린 꽃들을 잊을 수 없어
겨울의 외로움을 아는 별들이
서글퍼서 울고 한이 되어 울고

하늘밥상

모락모락 피어오르는
하늘 밥상
나 - 너 - 우리를 푸성귀처럼 푸르게 한다
신랑 기다리는 신부들처럼 등불 들고
숟가락-젓가락 한 벌 두 벌 … 열두 벌

모락모락 피어오르는 시래기
갖은양념으로 버무린 도라지나물
기도가 스민 손맛으로 간을 본다
에덴으로 가는 순록들처럼
하늘밥상은 유랑하는 유목인이다
선한 배려의 맛
기도가 스며든 반찬이다

바람에 휘어진 그림자

우르릉 쿵 쾅-
그림자가 말을 한다. 혼자서
순간 장롱에 번쩍이는 벼락 빛이
독백에 대답이라도 하듯
마른 눈, 꺼주기만 남은
바람에 휘어진 그림자는
낙뢰에 부러진 느티나무 가지
냉기가 도는 차디찬 방에서
젖은 손으로 마늘 까는 굽은 그림자
가끔은 똑똑 계시는가요 -

떨리는 실낱같은 소리로
네- 나가요
큰 나무 대문 빼꼼히 열듯 삑
젖어 쌓여있는 신문지들, 고혈압,
당뇨 약이 든 약봉지들
늦장마 철, 달그락- 달그락 -
곰팡내 나는 바닥에 차 있는 물을 퍼냈어
그리워 보고 싶다던 굽은 수선화는
저 산등성으로 갔지만
포슬포슬 우수수
곡예 비행하는 조련사가 안착하듯
바람에 휘어진 그림자는
느티나무 곁 길가 세찬 드는 어르신이다.
밤 뒤척뒤척 그리운 소식들은
가슴에 꼿깃꼿깃

비 오는 아침

바람에 휘몰리어 들려오는 빗소리
빗속 하늘거리는 비 맞은 나팔꽃
비 맞은 강아지풀이 빗속에 하늘거린다

붉은색 단심 무궁화잎에 맺힌 빗방울
백색 무궁화잎에 맺힌 빗방울 소리
청색 무궁화잎에 맺힌 빗방울이 쪼르르

빗방울이 동심원을 그리고 넓게 퍼진다
빗속 연분홍빛 연꽃이 하늘거린다
비비추 보랏빛 꽃이 빗속에 수줍어하는 듯

어르신들의 바램

내가 진실로 원하는 것은
내 세계에 나비처럼 날아와서
가만히 내게 귀 기울여 주는 거예요

내가 보고 듣고 만지고
말하는 것, 나의 추억을 함께
나비처럼 날아온 당신이 필요하오

말하지 않아도 좋아요
당신의 귀로 들어만 주세요

가을 깊어가는 선유도를 걸으며

가을 선유도를 걷는 사람들,
한강 야경이 대교를 비춘다
가을 선유도 길, 숨을 고르는 갈대들
지나온 이야기가 떠오르는 가을날

여의도 야경이 보이는 선유도 다리
가을 달이 한강을 비춘다
불꽃놀이는 화려했을 거야
도시의 저녁놀
그 수수한 수수깡, 갈대들
야경이 솟는 선유도 길

좁은 길을 걸어야지
버린 돌이라도 있는 그대로 바라보고
의식의 초점이 가는 모퉁이 돌

설 날

설날 콩떡 나누세
김이 모락모락 오르는
밥풀에 콩가루를 묻히고
한 상에 둘러앉아
주거니 받거니
복을 나누세
색동옷을 입은 아이들
곱게 곱게 새해 복
빳빳한 세뱃돈 복주머니 꺼내
새해 행복 덕담 나누세
새해 떡국 한 그릇
건강하소 잘살고
부침개 만드는 설날은
우리나라 고유 명절일세

노동

흑룡강, 하얼삔, 심양에서
온 사람들
함박눈 맞으며
일하다 모닥불에 모여
손, 발 녹인다

나는 화가였슈
나는 철도청 직원이었슈
나는 뻬이찡대 교수지요
수십 년 떨어져 산 누님
찾아 달라고 건넨 편지
닳고 누렇다
고랑 패인 얼굴에 눈물 흐르고
타들어 가는 담뱃재
바람에 흩날린다

아리랑 부르는 조선족
모닥불 빛으로 불그레한 얼굴들
눈 내리는 날
노동의 기억 살아난다

- 문예사조 2003, 9 -

도시의 아침

계수나무 사랑 줄기가 양털 구름에 오른다
아침이슬 머금은 들풀을 걷는 까치가
계수나무에 날아든다
연분홍 무궁화꽃이 하늘 구름 아래 피었다
들에 열린 작은 사과 열매
장미과에 속하는 조팝나무는
연분홍 붓꽃을 터뜨리고
어디선가 우는 새 울음소리는
코로나로 우울한 도시의 아침을
열고 있다
비 온 뒤 맑게 개인 푸른 푸른 아침

비 내리는 날

남대문 시장 비닐 천막 내리는 비
비에 젖은 시장 사람들 생존 소리
빗물에 씻기는 자반 고등어
미꾸라지 통 자꾸만 원- 원 -

차창 밖 비 내리는 날
이비인후과에 순서를 기다리는 아이들
동화책 읽어주는 엄마들

극장 앞 비 맞고 줄 선 아이들
오토바이 비를 가르고 생- 생-

비옷 입고 한 표 외치는 선거유세
측은한 비옷 지나고

연못엔 잉어들
빗방울 원 오르는가 싶더니 내려간다.

백색 파도야

저 먼 시퍼런 수평선
밀려오는 세찬 회오리 파도
하얀 거품을 토해낸 구워진 오징어처럼
감겨온다
은빛 모래로 밀려오는 은빛 물거품이
새벽을 휘감아온다

동해 백색 구름 사이로 짝짓는 갈매기들
파도 산은 휘돌아 감겨오는 풍물패

가을 산

주황, 노란색 녹색 갈색 칠해진 산
단풍잎들 투명한 개울 붉게 칠
경이로운 가을 계곡을 창조한 천국
이끼긴 괴석 북한산 가을
한 폭의 수채화다
늠름한 성곽 가을 산을 지킨다.

모닥불

뜨거운 태양 빛에 달궈진
나무들이 교미하듯
불이 팍 피어오르고

눈내리는 산촌

벌건 불을 피워놓고
별들이 수줍어 숨은 밤
상처들을 기타 선율로 꿰멘다.

기타연주

감미로운 트레몰로 기법 튕기는
병사의 기타연주
봄날 한벽루 흐르는 냇물처럼
나른한 선율은
박힌 철책선을 걷어낼까

궁전으로 향하는
검은 뿔테 안경 쓴 노인의 경륜
고전의 향수들이
밀려왔다 밀려가는 포말 같다

이끼 낀 바위산
격렬한 폭파 길 피한 피난민
길 잃은 아이를
그 입양하던 백발 선교사들
흑백 필림 영상에 비친 초가집에서
살아남은 이들이
한강 문명을 개척해냈다

세 손가락이 나비처럼 날아가고
터치하는 손길은
나룻배 타고
옥정댐 보는 듯

가족 산행

단비 오는 채송화 꽃밭 길
삼삼오오, 꽃 같은 얼굴이다
비 오는 창문 밖 하늘에게
비야 비야, 내려라
야구 경기를 하는 일이 힘겨웠거든,
한여름엔 시냇가에서
뉘엿뉘엿, 첨벙첨벙
아들아, 너의 길, 힘들 때도 있어
하지만, 새봄 새순이 피듯이
용기를 가지렴

벌목

깊은 정글 쭉 뻗은 나무를
엔진톱으로 생존의 사투를 벌인다
거목들이 축 늘어져 쓰러질 때
휘두른 팔이 벌목공의 눈을 멀게 했다

도끼로 찍던 벌목을 전기 톱날로 자르고
빗물에 젖은 나무 틈에 낀 톱날 선 채로
마지막 분액를 쏟아내는가?

속 빈 거목은 값어치를 못 하고
꽉 찬 거목은 값비싼 가구를 만들어 낸다
거목을 자르기 위해 주변
잔풀들을 자르고
거목이 인간들의 문명을 창조해간다.

숨 쉬는 맥박

마그마 불꽃 터지는 화산
지구 심장처럼 숨을 쉰다
소낙비처럼 쏟아지는 까만
재들이 날리고 야생의 눈이
두려움으로 떨고 있다
불화 산은 지구의 허파다
태고 자연은 생존 그 자체

무지개 선 바다, 하늘
뭉게뭉게 수평선 위 구름

[송현국 시인의 시해설]

통찰한 자연미에 도취한 영감의 언어미학

- 오동춘 문학박사 문학평론가

1. 송현국 시인의 면모

　송 시인은 1963년도에 전북 정읍에서 태어났다. 생활 근거지가 전주로 옮겨진 그곳에서 초등학교 중,고교 대학교육까지 다 받았다. 기도 끝에 한국신학대학교 신학대학원에 1992년도에 진학하여 신학공부에 전념하고 1997년도에 졸업했다. 즉시 목회의 길로 들어서서 성남 둔전,서울 창일, 안중제일교회 등에 전도사로 사역했다. 목사 안수를 받고 1999년도에 양천구 목동에 청암교회를 개척하고 전도의 사명을 감당하며 오늘에 이르고 있다. 목회 중에도 문학의 뜻을 두고 오다가 2003년도에 연세대학교 사회교육원 문예창작과정에 진학하여 송골교수의 시공부 강의에 열중하고 지도를 받았다.

　송현국의 시작품 중에 우수한 새벽비,생태개펄, 노동 세편의 시작품이 2003년도 문예사조 9월호에 추천되어 시단에 올랐다. 간간이 연빛시동인 활동을 하며 목회 중에 틈틈이 창작한 시작품을 모아 이미 두권의 시집을 상재했다. 등산 산책길에 시상에 젖으며 시와 벗이 되어야겠다는 생각에 잠기면서 세 번째시집 〈그의 사랑은 저만치 다가와〉 시집을 내기로 한 것이다. 창작한 63편의 시가 꽃자연의 미적 감각에 도취하여 자연미에 도취된 시세계를 감동적으로 보여주고 있다 송 시인의 시세계를 더 깊이 살펴보기로 한다.

2. 꽃자연에 도취된 시의 미적 감각

우리가 쓰는 인간의 정서와 사상을 운율적 언어로 압축하여 쓰는 창조적인 예술품인 것이다. 미술이 색채예술, 음악이 소리예술, 조각이 공간예술이라면 문학은 언어예술이다. 문학장르의 대표적인 시도 언어예술이다. 감수성과 상상력을 통하여 운율적 언어로 함축미 있게 비유 상징적으로 표현하는 언어예술인 것이다. 한 시인의 시를 이해하기 위해서는 그 시인이 작품에 구사한 시어의 배치 활용한 그 특성과 시의 전체적인 짜임새의 양상을 깊이 살펴봐야 한다.

송현국 시인이 시의 언어 구사나 그 활용과 시의 구성미 운율미 있는 시의 짜임새가 어떤 표현기교로 창작했는지 가려 뽑은 몇편의 시를 터득해 보며 시인의 시 세계를 엿보기로 한다.

1) 꽃 자연에 도취된 정서와 사상

　　화랑이 달리던 산
　　여인들이 설레었을 거야
　　무사들이 연인의 얼굴
　　떠올렸을 꽃이었을 거야
　　노모의 손잡은 아들
　　이 분홍산을 넘을 때
　　아들 사랑 흐뭇하셨을 거야
　　선비들 짚신 밟아
　　오르던 길 멈추게 하였을 꽃
　　샘물에 둥둥 띄우고
　　목 축이던 나그네 행복했을 거야
　　백의의 사람들 나라 잃어 서러울 때
　　분홍산 연분홍
　　설렘으로 힘을 모았을 거야
　　화염에 불타고 비극에 꺾이던
　　봄날 고향땅 향수에 잠기게 한 꽃이었을 거야
　　벚꽃이랑 개나리랑 바람에 속삭이고
　　격렬한 춤사위 개화되던 마을
　　두견새 울었을 거야
　　쓰러진 꽃들이 피를 흘리고
　　새봄에 피어나고
　　분홍 얼굴들이 살아난다
　　저 봄 산도 진달래 피었겠지

　　- 〈진달래꽃〉 전문 -

20년대 우리 나라 한의 정서를 읊은 소월은 영변의 약산 진달라래를 보고 이별정서가 담긴 명작시 〈진달래꽃〉을 남겼다. 〈산유화〉 시에 나오는 시어 "저만치"를 송현국 시인은 그의 시집 이름 〈그의 사랑은 저만치 다가와〉에 활용했다. 송현국 시인은 그의 상상력을 동원하여 1연에서 신라시대 화랑과 여인을 상상한 이미지와 노모의 아들사랑의 모성애도 표출했다.

  2연에서는 짚신 신은 선비, 나그네, 백의 겨레가 경술국치로 망국의 설움을 느낄 때 정열적인 분홍산 진달래를 보고 광복의 힘도 모았을 것으로 상상의 정서를 펼쳐보였다. 3연은 화염에 불타는 고향의 비극 속에 붉은 진달래가 향수에 잠기게 하고 벚꽃 개나리 피는 봄에 삶의 비극에 두견새가 울어도 만물의 분홍 얼굴이 소생하는 저 봄산의 진달래가 희망이요 미래임을 잘 밝혀 주고 있다. 〈고려산 진달래〉는 강화도 고려산의 봄날 진달래에 대한 향토적 서정을 잘 승화시켜 미적 가치을 보여 주고 있다.

  송현국 시인은 우리 나라꽃인 〈무궁화〉의 작품에서 무궁화는 강하고 모진 꽃으로 늠름한 평화의 꽃으로 우리 짚신겨레의 소박한 국민성과 은근과 끈기의 한 겨레정신을 정서적으로 잘 부각시켰다. 〈하늘꽃〉이나 〈기도하는 꽃〉은 예수의 부활 이미지가 신앙의 정서적 감각미를 잘 표출하고 있다.

2) 계절감각에 승화된 자연 미학

겨울나무들 하늘 응시할까
가쁜 저기를 부르는 바람소리
풀잎같이 기운 저 산바람소리
탯줄에서 산소 마시는 새 꽃
가쁜 저기를 부르는 가을들
모진 힘을 다하여 잉태하듯
저 하늘 기다리는가
아름다움 죽음 보내는 강변 손짓
철썩철썩 뱃고동 울리는 뱃놀이
저 하늘 저 하늘 가려는가
남도에서 온 홀씨는
봄 기다리는 마음 새색시같이
실핏줄 같은 소리랑 가시리

- 〈봄소리〉 -

〈봄소리〉시는 청각적 이미지를 살려 봄 가을 겨울 세 계절의 정서적 이미지를 미화시켜 시를 엮는다. 푸른 하늘을 응시하는 겨울나무는 봄 소리 봄소식을 듣고 싶은 바램이 있다. 시 속에 "저 하늘"표현이 세 번 반복된다. 이 강조된 반복 표현의 이미지 전개는 저 높은 곳을 향하여 하늘을 응시하는 겨울나무는 하나님 섭리로 온갖 꽃이 만발할 봄꿈에 잠겨 있다. 겨울

나무는 신앙의 가을 수확을 두고 새색시 같이 봄을 기다리는 마음에 잠겨 있다. 봄소리는 저 하늘에서 소망의 소리로 삼라만상의 귀에 들려 올 것이다. 겨울나무가 꿈꾸는 신앙의식의 봄꿈이 푸르고 아름답다.

〈가을하늘 아래 코로나를 이겨내자〉는 시는 3년간 온 세계를 휩쓸어온 코로나 바이러스를 과감히 물리치자는 인간의 의지를 시의 정서 속에 저항적으로 부각시켰다. 이 코로나 병마 사탄은 인명을 수많이 빼앗아간 악마 존재이다. 이 코로나 사탄이 누리는 이 세상을 송현국 시인의 날카로운 시심은 〈정글 같은 세상〉시에서 날짐승 물수리가 숭어를 낚아채고 육지의 사자가 사슴피를 먹는 약육강식의 살벌한 세상을 송 시인은 정글세상에 비유했다.

송 시인은 약육강식의 정글같은 인간세상도 인간의 오욕으로 오염되어 빛과 소금의 장대비가 천둥 번개치며 깨끗이 씻어내려 정화된 누리를 이룬다는 강렬한 시인의 의지가 정의롭고 교훈적이다.

송현국 시인은 〈겨울을 이기는 나무들〉에서 / 겨울이 지나면 새봄이 온다 / 겨울나무들은 겨울을 견디어야 / 봄에 꽃을 피울 수 있다 / 한마디로 "폭풍의 후에 무지개 선다"는 격언 이미지를 연상시킨다. 고진감래苦盡甘來의 뜻과 그 사상이 상통한다. 겨울나무는 엄동설한의 겨울 추위의 고통을 인내해야 희망의 봄을 맞게 된다는 교훈적 정서를 사실적으로 표출했다.
 〈새 희망 첫걸음〉, 〈새해 첫날〉 작품도 희망의 이미지에 정서 감각이 아름답다.

3) 밝은 소망의식과 그리움의 정서

 잘 생각하고 꿈 꾸는 일을 잘해야 합니다
 한말은 돌에 새기는 글처럼 오래 갑니다
 올곧은 목표를 향해 달려가십시오
 젊다는 것은 그 무엇보다 강한무기입니다
 어깨만 펴고 다녀도 됩니다
 하고 싶은 말만해도 됩니다
 실패란 말은 하지 마세요
 생각하고 꿈꾸는 일은 이루어집니다
 타인의 생각을 들어주는 사람은
 관계를 잘 합니다
 여행을 많이 하세요 글을 써 보세요
 작품을 만들어 보세요
 시간 관리를 잘 하세요
 친구를 좋아하는 사람은 사회에서 성공할
 가능성이 큽니다
 부정적인 말보다는 긍정적인 말을 많이 하세요
 희망이 성장합니다

 - 〈희망을 바라보아라〉 -

시의 연구별도 없이 서술형 단연체 시로 창작한 이 작품은 성경의 잠언처럼 독자의 공감대를 형성하고 있다. 시인 자신의 긍정적 사상으로 스스로를 나타내는 자화상이다.

읽는 독자들이 소망의식을 갖게해 준다. 일상생활의 시어를 교훈적 긍정적 이미지로 사실적으로 구사하여 독자의 가슴에 소망의식과 긍적인 밝은 삶을 누리게 하는 그 정서와 사상이 지극히 긍정적 인생의 등불처럼 밝기만 하다. 의미 깊은 교훈시로 가치가 높다.

> 어렴풋이 떠오르는 얼굴들
> 어디서 살까 무엇을 하고 살까
> 가을 낙엽은 서울 거리에도 수북이 쌓였는데
> 그때
> 그 경기 전에 쌓였던 낙엽들
> 겨울이 오는 십일월 길목에
> 그리움이 가득하다
> 그 가을 논밭들 그 가을 산들
> 낙엽들이 그리움으로 날린다
> 그리움을 누구에게 나눌까
>
> - 〈그리움〉전문 -

인간은 사색의 갈대다. 생각하기 때문에 살아가고

있다. 생각에는 누구나 그리움이 자리잡고 있다. 사랑의 정서가 그 밑바탕이 되어 있다. 그리움의 보편정서는 우리나라 고려가요 〈가시리〉, 〈청산별곡〉에서 임 그리움으로 잘 나타나 있다. 1920년대 소월의 〈먼 후일〉이나 만해의 〈님의 침묵〉도 다. 그리움의 정서가 아름답게 표출되어 있다.

송현국 시인은 논밭 이미지에서 향수에 젖는 고향 그리움의 정서가 표출된다. 계절적으로 가을에 뒹구는 낙엽이 봄 여름을 그리워 하듯 인간도 젊은 날을 추억하고 그리워함을 정서적으로 표출하고 있다. 〈김치를 담그는 날〉에서 마늘 까서 김치 담그시던 고향 어머니 얼굴을 그리워하고 있다.

한국의 대표 음식인 김치는 외국에 가도 그리운 반찬이다. 김치는 한국인의 얼굴을 상징하기도 한다. 송현국 시인은 고향 냇물에서 방망이질 하며 빨래하던 소박한 여인들로 상상 속에 그리워 〈빨래하는 여인들〉제목의 시로 그리움의 정서를 잘 승화시켰다.

송현국 시인이 기도와 열정으로 창작한 시 63편의 작품이 엮이는 그의 제3시집 〈그의 사랑은 저만치 다가와〉의 시해설로 송 시인의 시세계를 살펴 보았다. 기도와 믿음에 날마다 잠겨사는 송현국 시인의 시가 알찬 알곡시로 독자의 심금을 울리는 기쁨이 넘치길

기대한다. 참삶 뼈삶 빛삶의 시인이 되길 바란다. 제3시집 출간을 축하하며 꾸준한 정진을 빈다.

2023.1.5. 송골서재에서 씀

- 2023년 2월호 월간 문예사조 평론 -

송현국 시집

그의 사랑은 저만치 다가와

지은이	송현국
펴낸이	이재갑
펴낸곳	도서출판 문예사조
등록	2-1071(1990. 10. 15)

저자와의
협약으로
인지생략

04558 서울시 중구 퇴계로 41길 8 (충무로 4가)
Tel. 02-720 - 5328, 2272-9095
Fax. 02-2272- 9230
http://www.munyesajo.co.kr
e-mail : mysj5328@daum.net

발행일 2023년 9월 15일
잘못된 책은 바꿔 드립니다.

값 15,000원

ISBN 978-89-5724-290-2